Georgios Gkontevas

Utilisation de méthodologies systémiques

Georgios Gkontevas

Utilisation de méthodologies systémiques

Dans le cadre des opérations du quartier général de l'armée de terre. Modélisation de la station de service et de ravitaillement de peloton des chars avec le DC

ScienciaScripts

Imprint

Any brand names and product names mentioned in this book are subject to trademark, brand or patent protection and are trademarks or registered trademarks of their respective holders. The use of brand names, product names, common names, trade names, product descriptions etc. even without a particular marking in this work is in no way to be construed to mean that such names may be regarded as unrestricted in respect of trademark and brand protection legislation and could thus be used by anyone.

Cover image: www.ingimage.com

This book is a translation from the original published under ISBN 978-3-330-33661-2.

Publisher:
Sciencia Scripts
is a trademark of
Dodo Books Indian Ocean Ltd. and OmniScriptum S.R.L publishing group

120 High Road, East Finchley, London, N2 9ED, United Kingdom
Str. Armeneasca 28/1, office 1, Chisinau MD-2012, Republic of Moldova, Europe
Printed at: see last page
ISBN: 978-620-7-49302-9

Copyright © Georgios Gkontevas
Copyright © 2024 Dodo Books Indian Ocean Ltd. and OmniScriptum S.R.L publishing group

TABLE DES MATIÈRES

CHAPITRE 1	**2**
CHAPITRE 2	**5**
CHAPITRE 3	**22**
CHAPITRE 4	**24**
CHAPITRE 5	**40**
CHAPITRE 6	**45**
CHAPITRE 7	**48**
CHAPITRE 8	**49**

CHAPITRE 1

1. Introduction

Dans cette application, on a tenté de modéliser une station de service et de ravitaillement hypothétique, capable d'offrir les services suivants aux chars du peloton qui arrivent. (1 peloton de chars équivaut à 4 chars).

> Inspection et réparation des pièces mécaniques (moteur), du système de suspension (chenille) et ravitaillement en carburant et lubrifiants (Service).

> Processus de chargement et de déchargement des munitions, du matériel de tente, des outils et des filets de camouflage de l'armée (Reload).

Chaque char de combat du peloton attend d'être servi par deux départements de service. Après avoir été servi par le premier (réparation-ravitaillement), il attend ensuite la partie suivante (chargement-déchargement) et est finalement servi pour être prêt à quitter la station. Nous étudierons ensuite le comportement de ce système pour des lieux et des heures de service spécifiques. Nous avons également un intérêt direct à comprendre l'importance de la simulation d'un tel problème. Les chars de combat qui arrivent à la station passent d'abord par la section **Service** et ensuite par la section **Rechargement. Les** arrivées des chars de combat sont basées sur la distribution de Poisson au moyen de 4. Nous avons quatre arrivées de chars par heure, en tenant compte du fait que les chars de combat n'entrent pas tous les quatre simultanément dans la station de ravitaillement. En outre, nous considérons que le département de service a quatre points de service, ainsi que la section de rechargement. Nous supposons également que le temps de ravitaillement et la vérification et la réparation des composants durent 2 heures, tandis que le temps de chargement est d'une heure (section de rechargement). Le département Administration coordonne les deux sections susmentionnées.

Tableau 1. Les éléments de la station de conservation et d'approvisionnement

DEPARTMENT POSITIONS	SERVICE TIME	OPERATION
ADMINISTRATIVE		COORDINATION
SERVICE	2 HOURS	4
RELOAD	1 HOUR	4

Dans la figure suivante, la station de ravitaillement est présentée comme un système selon la méthodologie systémique DCSYM. Les trois sous-systèmes, à savoir les **services d'administration, de ravitaillement et de recharge**, sont distingués. Avec **C**, Bowen indique un bon contrôle entre les parties et avec **c** une bonne **communication** entre elles.

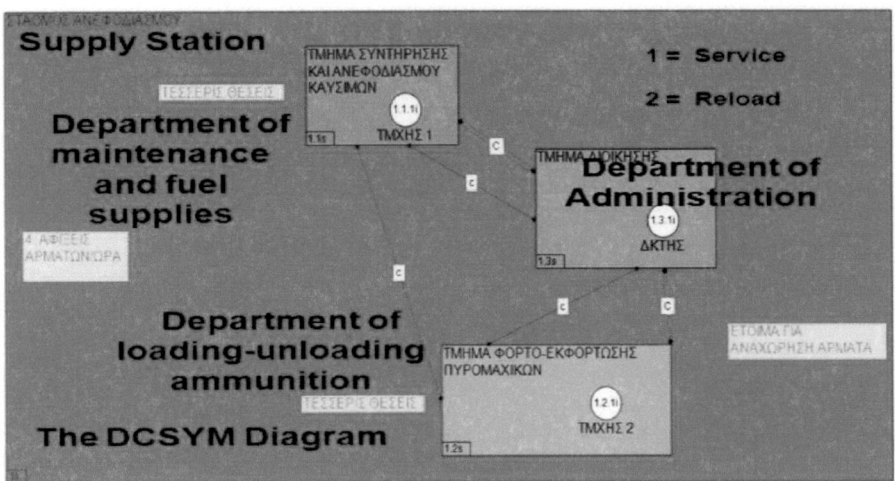

Figure 1. Visualisation de la station d'approvisionnement à l'aide de la méthodologie systémique DCSYM (Design Control Systemic

Methodology)

Notre objectif est d'étudier le comportement de cette station de ravitaillement à travers ce modèle. Dans le système, les réservoirs de câbles flottent le long du Poisson, passent par les sections respectives et sont ensuite prêts à partir pour remplir leur mission. Les résultats de la simulation nous renseigneront sur l'efficacité et la suffisance du service de chaque département ainsi que du système dans son ensemble.

CHAPITRE 2

2. Modélisation

2.1. Schéma général

Le logiciel de simulation dynamique Vensim a été utilisé pour concevoir et mettre en œuvre le modèle de simulation. La forme générale du modèle est illustrée dans la figure ci-dessous.

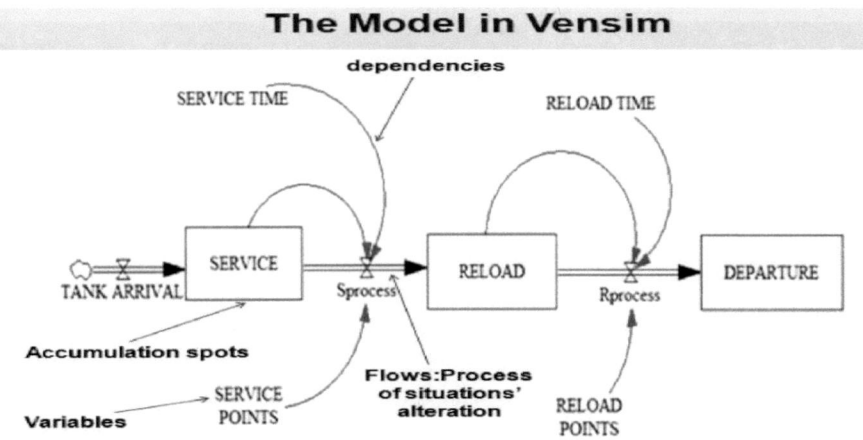

Figure 2. Le modèle dans Vensim.

Le modèle Vensim se compose de points d'accumulation, de flux, de variables/fixes et de dépendances.

1. Les points d'accumulation. Ils apparaissent dans des cases rectangulaires de couleur blanche et sont les suivants :

 ✓ **Service.** Il symbolise la section contrôle-réparation et ravitaillement de la station.
 ✓ **Reload.** Il symbolise la section de chargement/déchargement de la station.
 ✓ **Départ**. Il symbolise les chars prêts à partir pour la suite de leur mission

2. **Les flux.** Ils sont symbolisés par des flèches noires et relient les points d'accumulation.

Nous disposons des éléments suivants :

J **Tank Arrival.** Il symbolise l'arrivée des chars de combat.
J **Sprocess.** Il symbolise le processus de service.
J **Rprocess.** Il symbolise le processus de rechargement.

3. **Variables / fixes**

J **Durée du service.** Durée moyenne du service.
J **Points de service.** Points de service mis à la disposition du service après-vente.
J **Temps de rechargement.** Durée moyenne d'un déchargement.
J **Points de recharge.** Les postes disponibles à la station-service de recharge.

4. **Dépendances.** Elles sont symbolisées par des flèches bleues et sont les suivantes :

J **Service-Sprocess.** Dépendance entre le point d'accumulation du service et le flux du Sprocess.

J **Service Temps-Processus.** Dépendance entre le service à temps fixe et le flux Sprocess.

Points de service J **- Sprocess.** Dépendance entre les points de service fixes et le flux Sprocess.

J **Reload-Rprocess.** Dépendance entre le point d'accumulation Reload et le flux Rprocess.

J *Temps de* **recharge - Processus.** Dépendance entre le temps de recharge fixe et le flux Rprocess.

J **Points de recharge - Processus.** Dépendance entre les points de recharge fixes et le flux Rprocess.

Une fois la description de la forme générale de notre modèle achevée, la présentation du schéma mathématique suit.

2.2. Modélisation mathématique

Par la suite, nous analyserons la modélisation mathématique du problème, à l'aide de l'outil Vensim, et nous présenterons étape par étape la construction du modèle.

2.2.1. Arrivée du réservoir

Dans un premier temps, les réservoirs arrivent à la station de ravitaillement par le flux d'**arrivée des réservoirs** illustré dans la figure ci-dessous :

Figure 3. Le flux d'arrivée du réservoir

Les paramètres mathématiques de ce flux sont présentés dans la figure 4.

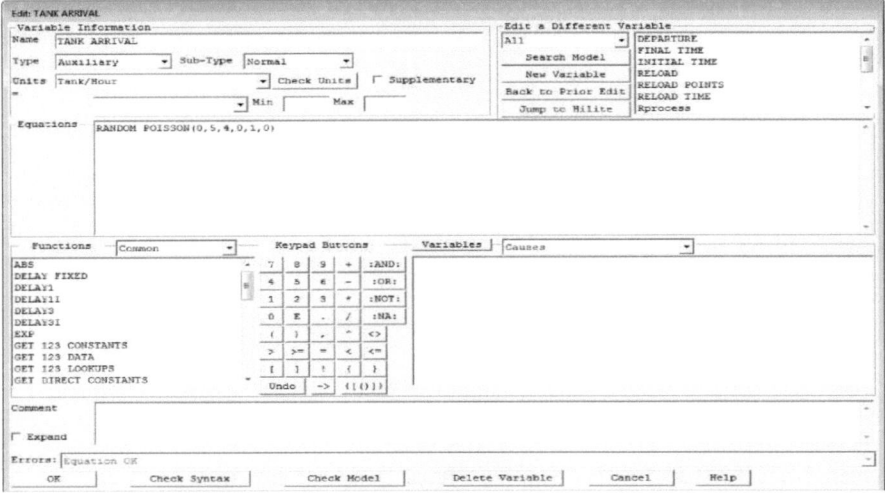

Figure 4. Paramètres mathématiques du flux d'arrivée du réservoir

Nous supposons que les arrivées des chars de combat suivent une distribution de Poisson avec des moyennes de 4 et définissons ainsi les valeurs de champ correspondantes :

- √ **Equation.** Dans ce domaine, nous définissons la distribution de Poisson avec des moyennes 4 que nous souhaitons suivre les arrivées hypothétiques des chars de combat.
- **Type** √. Défini comme auxiliaire
- √ **Unités. Les** unités que nous avons définies sont Tank / Hour.

2.2.2. Service

Ensuite, les chars sont transférés au département de service afin d'être servis par la sous-section contrôle-réparation et ravitaillement en carburant et lubrifiants. Le point d'accumulation de service symbolise les chars de combat qui doivent être servis par ce département.

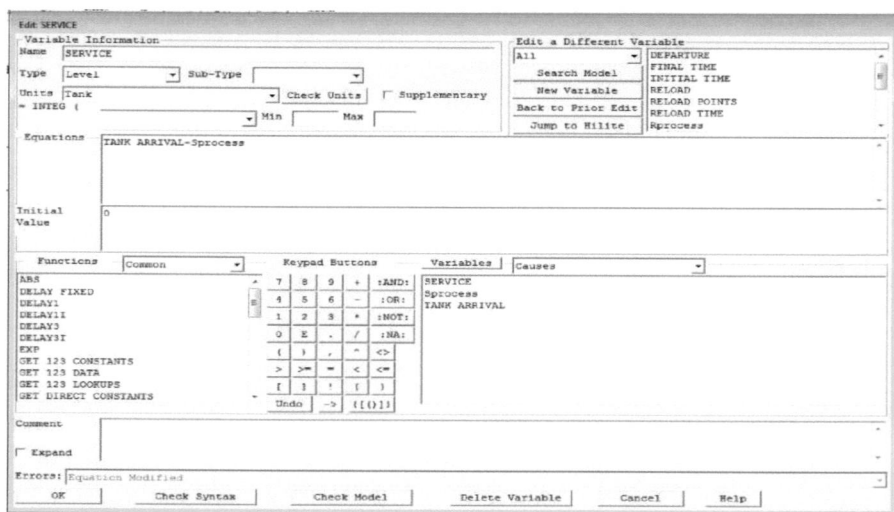

Figure 5. Point d'accumulation des services (paramètres

mathématiques)

Nous définissons les champs correspondants comme suit :

 √ **Equation.** Ce champ spécifie la valeur du **processus d'arrivée de la citerne.**
  √ **Valeur initiale.** La valeur initiale est fixée à 0.
  √ **Type.** Défini comme niveau.
  √ **Unités.** Le réservoir a été défini comme unité du point d'accumulation.

Le point d'accumulation de **service** représente la valeur du nombre de chars de combat servis par la section de service qui seront ensuite servis par la section de rechargement.

2.2.3. Sprocess

 Le flux **Sprocess** symbolise le processus de service, les chars de combat desservis par la division concernée. La figure suivante montre les paramètres mathématiques définis.

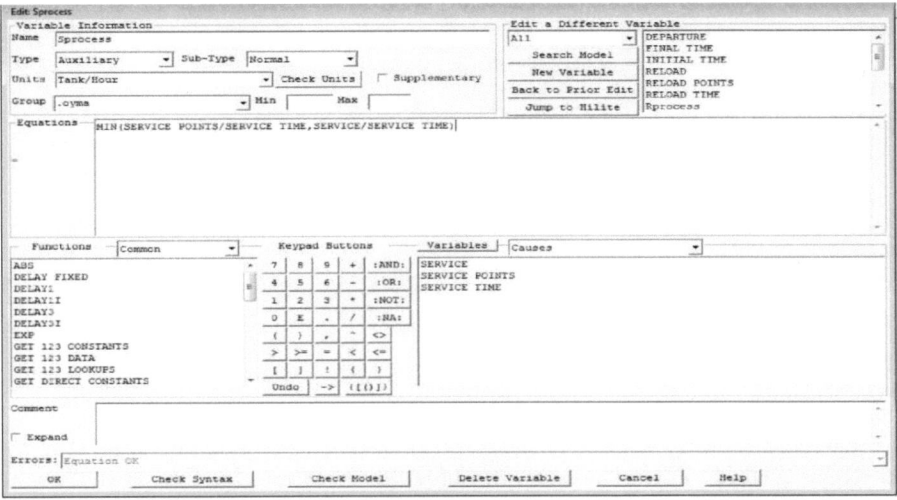

Figure 6. Déroulement du processus (paramètres mathématiques)

Nous définissons les champs correspondants comme suit :

f **Equation.** Ce champ est réglé sur la valeur **MIN (Points de service / Service**

    Temps, Service/Temps de service).

f **Type.** Défini comme auxiliaire.

f **Unités. Les** unités que nous avons définies sont Tank / Hour.

La valeur du flux est la valeur minimale de la **fraction Points de service / Temps de service, Service / Temps de service. Les points de service** fixes sont égaux à 4 et correspondent au nombre de points de service dans la section Service.

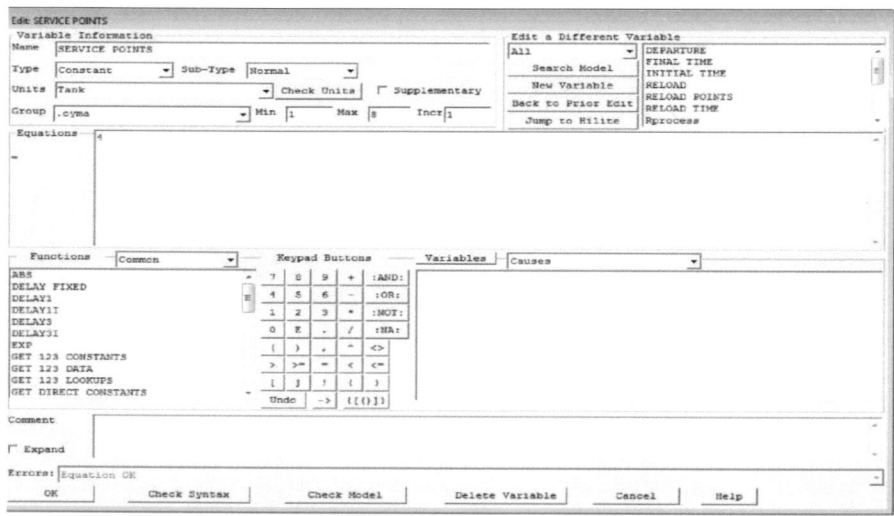

Figure 7. Les points de service fixes

La valeur **Service Time** est également fixe et est égale à 2. Elle symbolise le temps de service des chars de combat dans la section correspondante.

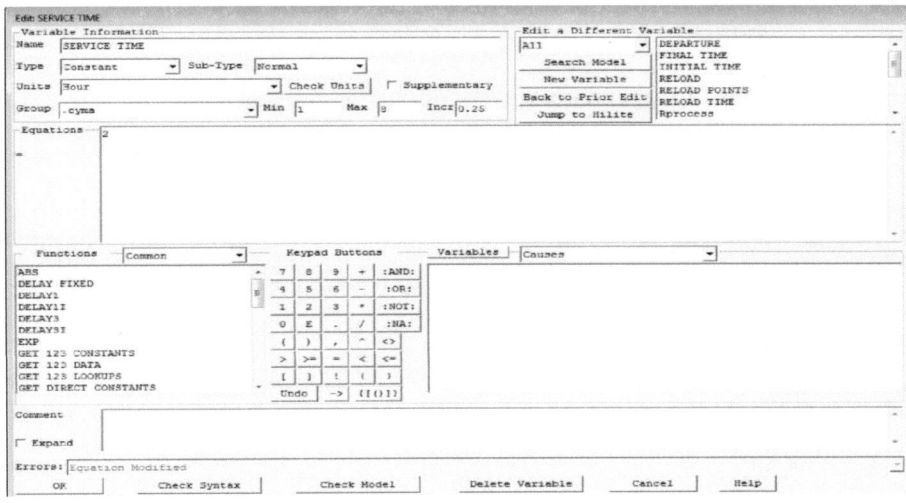

Figure 8. Le temps de service fixé

2.2.4. Rechargement

Ensuite, une fois le service terminé par la section de service, les chars sont transférés à la station de rechargement afin d'être servis. Le point d'accumulation de rechargement symbolise les chars de combat qui doivent être servis par la section de chargement/déchargement.

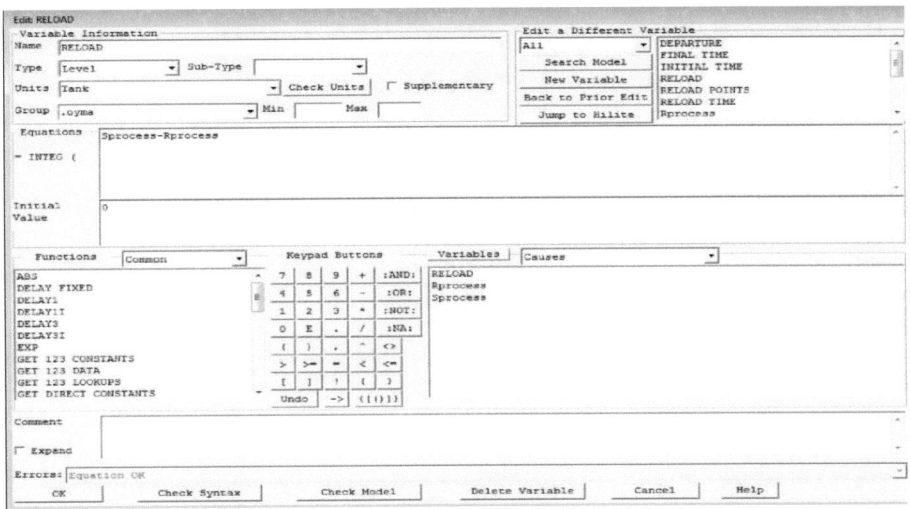

Figure 9. Le point d'accumulation Reload (paramètres mathématiques)

Nous définissons les champs correspondants comme suit :

    f **Equation**. Ce champ permet de spécifier la valeur **Sprocess-Rprocess**.
    f **Prix initial**. La valeur initiale est fixée à 0.
    f **Type**. Définir comme niveau.
    f **Unités**. En tant qu'unité du point d'accumulation, le char (barrage de combat) était
        définis.

Le point d'accumulation Reload, a la valeur du nombre de réservoirs qui sont arrivés et qui attendent d'être servis par la section correspondante.

2.2.5. Rprocessus

Le flux **Rprocess** symbolise le processus de chargement/déchargement, c'est-à-dire les réservoirs desservis. La figure suivante montre les paramètres mathématiques définis.

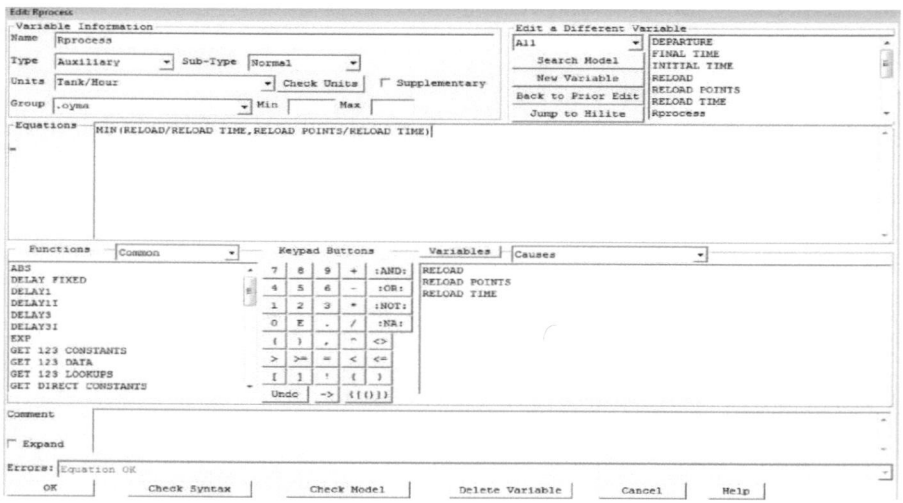

Figure 10. Déroulement du processus R (paramètres mathématiques)

Nous définissons les champs correspondants comme suit :

f **Equation.** Ce champ permet de définir la valeur **MIN (Reload Points / Reload**

Temps de recharge/temps de recharge).

f **Type.** Défini comme auxiliaire.

f **Unités**. Les unités que nous avons définies sont Tank / Hour.

La valeur du flux est la valeur minimale de la fraction **Points de recharge / Temps de recharge, Recharge / Temps de recharge.** Le nombre de Points **de Recharge** fixé est égal à 4 et correspond au nombre de points de service de la section Recharge.

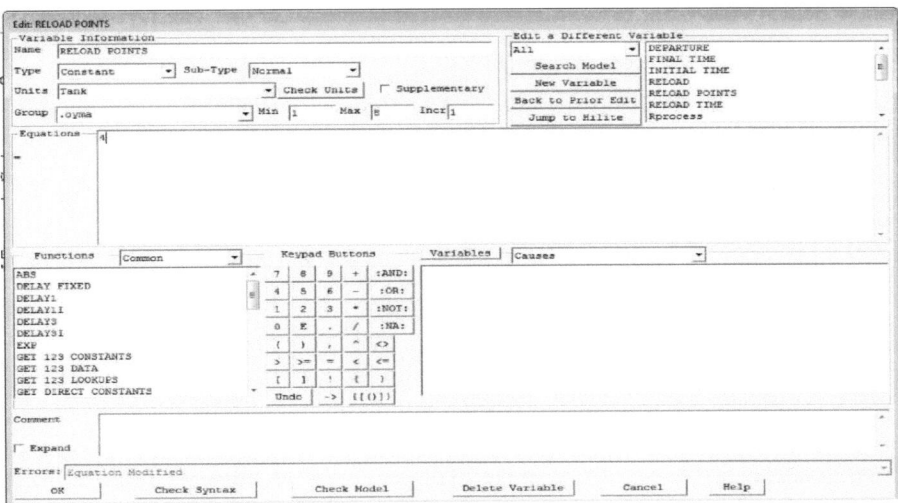

Figure 11. Les points de recharge fixes

La valeur du **temps de recharge** est également fixe et égale à 1. Elle symbolise le temps de service du char de combat dans la section correspondante.

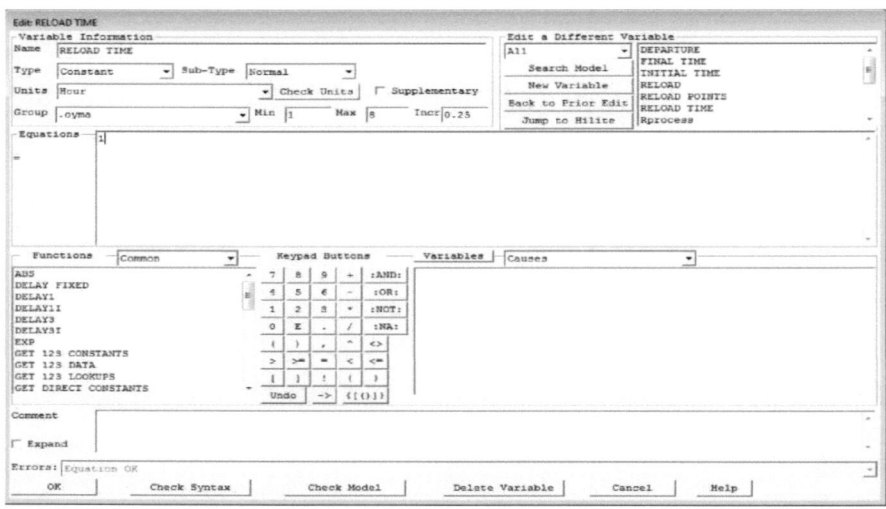

Figure 12. Temps de rechargement fixe

2.2.6. Départ

Le point d'accumulation **Départ** symbolise les chars de combat prêts à quitter le système de la station-service pour poursuivre leur mission.

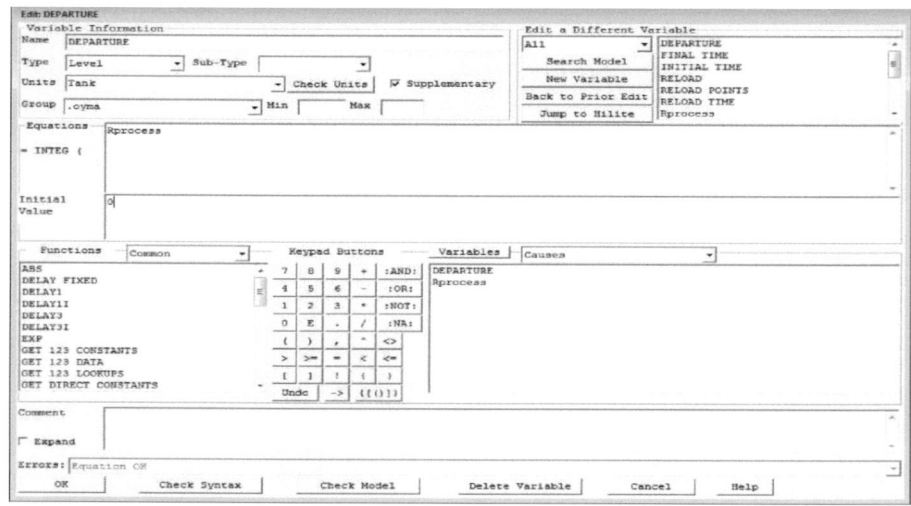

Figure 13. Le point d'accumulation des départs (paramètres mathématiques)

Nous définissons les champs correspondants comme suit :

- ƒ **Equation.** Ce champ spécifie la valeur de Rprocess.
- ƒ **Valeur initiale.** La valeur initiale est fixée à 0.
- ƒ **Type.** Défini comme niveau.
- ƒ **Unités.** Le réservoir a été défini comme unité du point d'accumulation.

2.3. Résultats de la simulation

La simulation a ensuite été réalisée pendant une semaine (168 heures) et a donné les résultats suivants :

(01) Arrivée du char = POISSON RANDOM (0,5,4,0,1,0)

Unités : Réservoir / Heure

(02) Départ = INTEG (Rprocess, 0)
   Unités : Réservoir

(03) TEMPS FINAL = 168
   Unités : Heure

L'heure finale de la simulation.

(04) TEMPS INITIAL = 0

Unités : Heure

La durée initiale de la simulation.

(05) Service = INTEG (arrivée de la citerne - processus, 0)

Unités : Réservoir

(06) Points de service = 4

    Unités : Réservoir [1,8,1]

(07) Temps de service = 2

    Unités : Réservoir [1,8,0.25]

(08) Sprocess = MIN (Temps de service / Temps de service).

    Unités : Réservoir / Heure

(09) PAS DE TEMPS = 1

    Unités : Heure [0, ?]

    Le pas de temps pour la simulation

(10)   Rechargement = INTEG (Sprocess-Rprocess, 0)

    Unités : Réservoir

(11)   Points de recharge = 4

    Unités : Réservoir [1,8,1]

(12)   Temps de recharge = 1

    Unités : Réservoir [1,8,0.25]

(13)   Rprocess = MIN (Recharge / Temps de recharge).

   Unités : Réservoir / Heure

(14)   SAVEPER = PAS DE TEMPS

   Unités : Heure [0, ?]

   La fréquence à laquelle les données sont stockées

Nous présentons ensuite les diagrammes des points d'accumulation et des flux du modèle simulé.

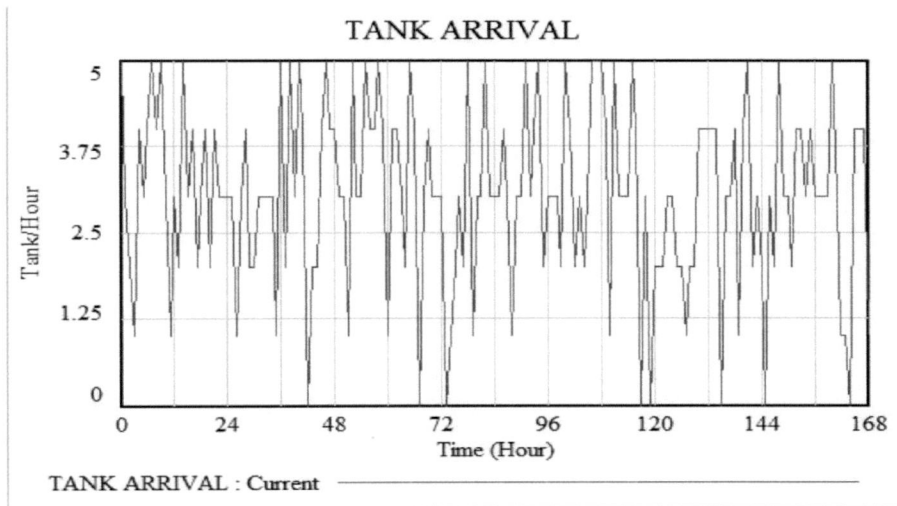

Figure 14. Tableau d'arrivée des chars.

Dans le diagramme ci-dessus, nous voyons les chars de combat qui arrivent à la station à tout moment pendant les 168 heures de la simulation.

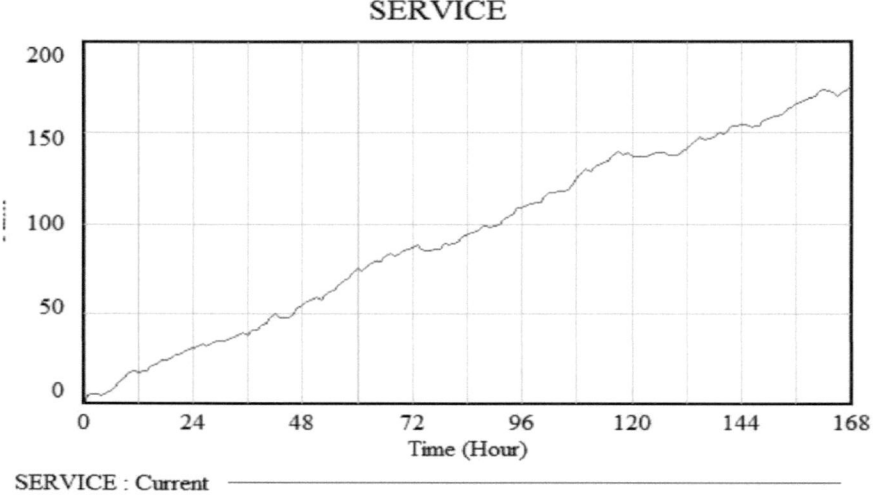

Figure 15. Le diagramme des services.

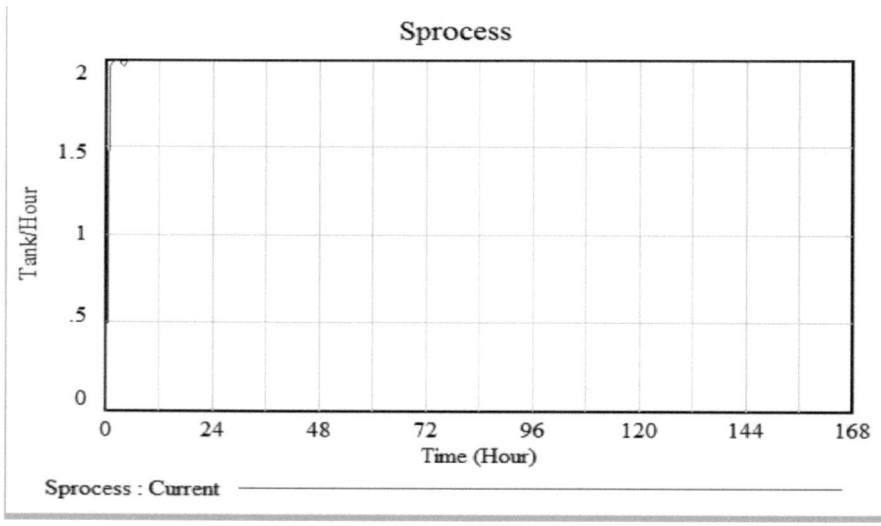

Figure 16. Le diagramme Sprocess.

RELOAD

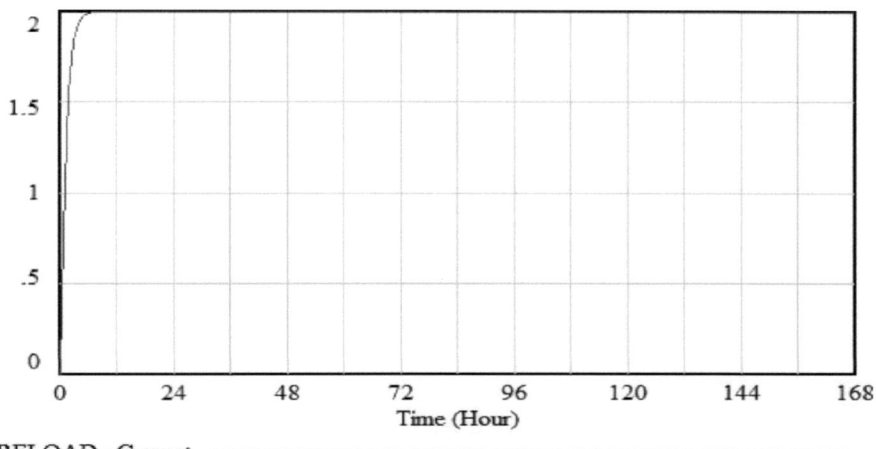

Figure 17. Le diagramme de rechargement.

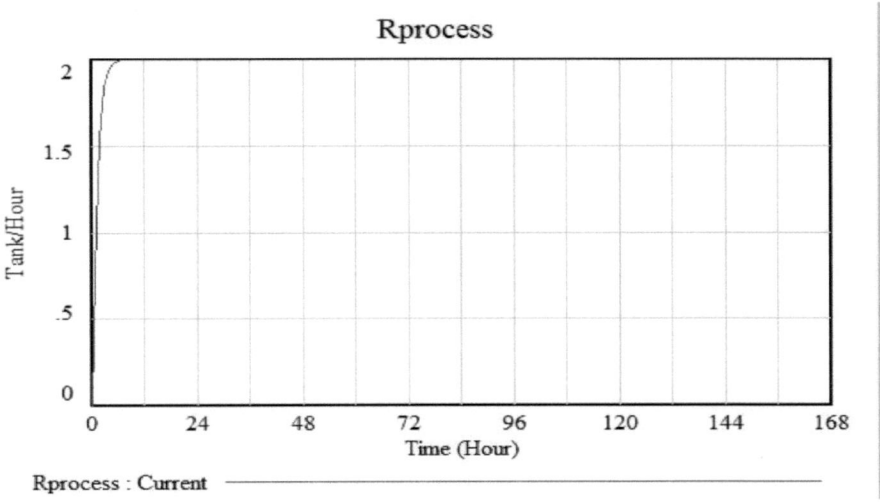

Figure 18. Diagramme Rprocess.

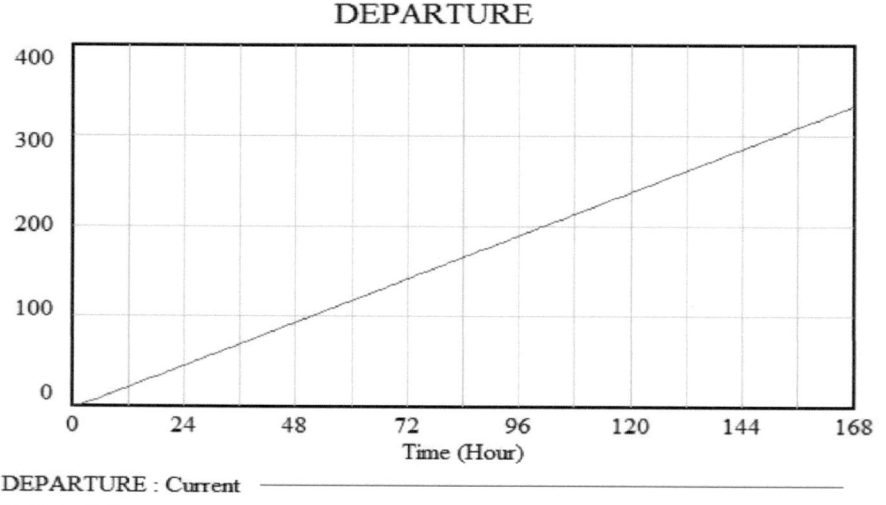

Figure 19. Le diagramme de départ.

Les résultats de la simulation nous permettent de conclure que les positions de service sont occupées en permanence par les chars de combat qui arrivent. Si nous augmentons ces positions de 4 à 6 pour la section Service, nous remarquons qu'il y a plus de variabilité liée au service alors que le nombre de chars de combat attendant d'être servis diminue. C'est ce que montrent les graphiques ci-dessous.

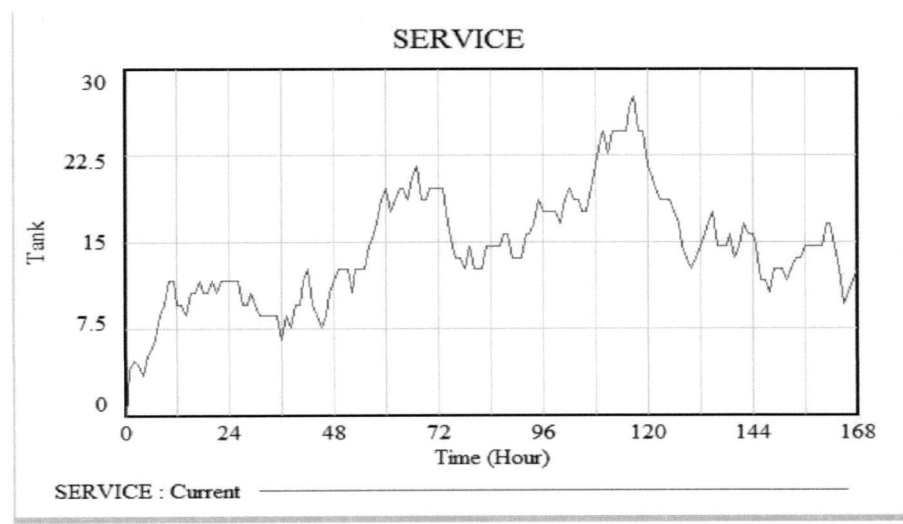

Figure 20. Le diagramme de service pour 6 positions de service.

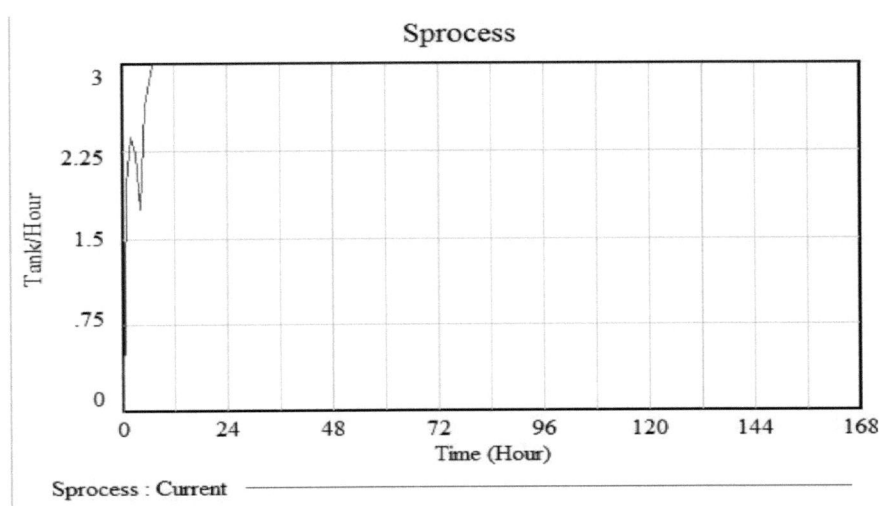

Figure 21. Le diagramme Sprocess pour 6 postes de service.

CHAPITRE 3

3. Les conclusions

Les méthodes de simulation peuvent nous aider efficacement à tirer des conclusions utiles sur presque tous les problèmes ou processus à condition qu'ils soient modélisés. Ces conclusions peuvent concerner les coûts, la suffisance des approvisionnements - pièces de rechange, l'efficacité des processus et la réduction de la complexité du système lorsque cela est possible. Dans cet exemple, nous avons abordé et compris le potentiel d'une station de ravitaillement hypothétique fournissant des munitions ainsi que de l'huile et des lubrifiants, déchargeant ensuite les cages de munitions des chars qui l'atteignent, et réparant tout dommage à leurs parties mécaniques, de manière à les remettre en état de bataille pour poursuivre leur mission. Des valeurs et des proportions ont été sélectionnées pour l'arrivée des chars du peloton, les temps de service depuis les stations respectives et les coûts horaires. Les options ci-dessus, bien qu'elles ne soient pas basées sur un poste de ravitaillement réel de l'armée au moment du développement des opérations, nous aident à réaliser l'utilité de la simulation et, par conséquent, à comprendre son importance dans les situations réelles où les demandes sont nombreuses et complexes, car la situation régulière change continuellement et à une vitesse incroyable. Par exemple, lorsque les compagnies courent et mettent en œuvre les plans sous la pression du temps et de l'ennemi, il y a un besoin de stations de ravitaillement (les chars de combat se déplaçant vers les positions de pièces détachées). Les chars du peloton arrivent régulièrement en fonction d'une répartition, que ce soit pour le ravitaillement en carburant ou en munitions, ou pour charger du matériel ou pour réparer leurs pièces mécaniques afin de retourner rapidement à leurs positions pour la poursuite de leur mission. Il ne faut pas oublier que tout cela contribue à améliorer le moral de l'équipage, ce qui constitue un important multiplicateur de puissance.

Même dans ce cas, il y a les départements de service correspondants, avec des postes de service limités, ainsi que les coûts correspondants. Cette situation complexe particulière nécessite une planification détaillée des activités et des processus, car les fournitures et le personnel des départements de service sont limités.

Enfin, il convient de mentionner qu'avec la simulation, nous essayons d'aborder des situations complexes et imprévisibles. La branche de l'intelligence artificielle nous aide à cet égard. Par exemple, une simulation peut être réalisée sans attribuer à l'avance des batailles ou des coûts et des temps de service, mais ceux-ci sont pris en compte dans le cours (par exemple, à l'aide d'agents intelligents).

CHAPITRE 4

4. Bibliographie

4.1 Étranger

Beer, S.(1966). Decision and Control, Chichester, Wiley

Bertanlaffy, L. (1968). General Systems'Theory, foundations, developments, applications, New York : George Brazilier

Checkland, P. (1981). Systems Thinking, Systems Practice, Wiley, Chichester.

Wiener, N. (1948). Cybernetics : The Control and Communication in the Animal and the Machine Cambridge MA, MIT Press.

Asby, W. R. (1956). An Introduction to Cybernetics, New York, John Wiley.

Assimakopoulos, N. et Theocharopoulos, I. (2009). Design and Control Systemic Methodology (DCSYM) : a multiagent modeling and operation platform.

Bowen, K. (1981). A conflict approach to the modeling of problems of and in organisations", in Brans, J.P. (Ed.) : Operational Research '81, North-Holland, Amsterdam, pp.79-90.

4.2 Grecque

Asimakopoulos, N. (2008). Analyse systémique, Université du Pirée.

Roumeliotis, M. (2001). Modélisation et simulation, EAP.

Utilisation de méthodologies systémiques dans le fonctionnement d'un quartier général de l'armée de terre.

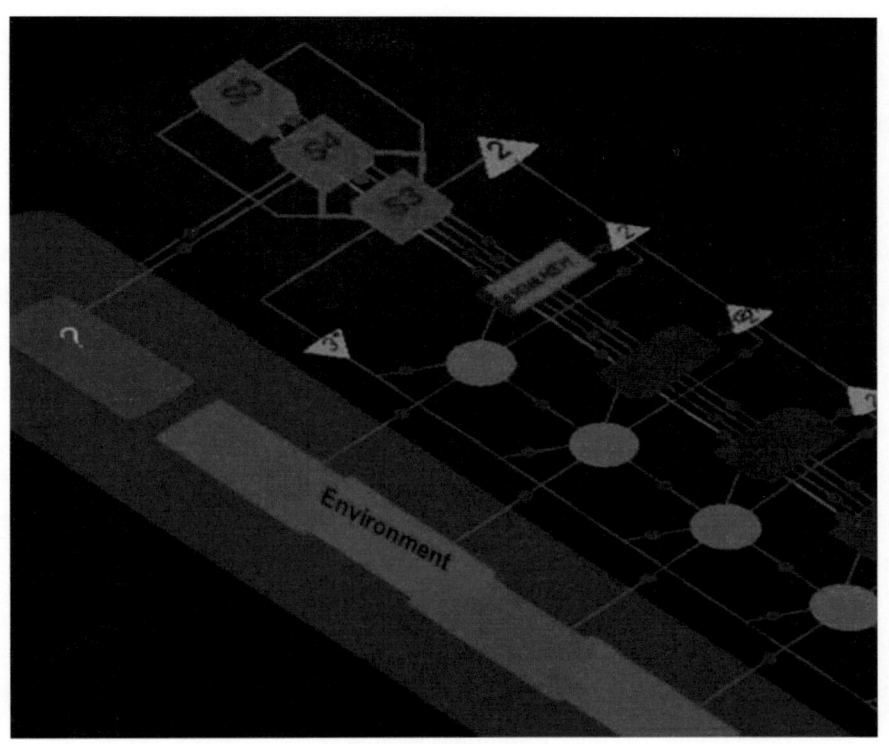

Major à la retraite
Georgios Gkontevas
computeractive2007@yahoo.com
BSc "Information Technology"
MSc "Information Technology"
CSAP Member (Certified Systemic Analyst Professional).

1. Introduction

La question de l'efficacité de l'administration est très importante dans l'armée de terre et en particulier dans les quartiers généraux qui semblent être complexes en raison de la nature de leur travail et de leur mission.

L'environnement en constante évolution des activités et des opérations détermine les structures des quartiers généraux, ainsi que leurs fonctions et les besoins d'amélioration et de changement.

Par conséquent, il est nécessaire d'élaborer une stratégie sous la forme d'un plan d'action afin d'atteindre les objectifs du siège. L'objectif de cet exposé est de présenter des méthodes qui répondent aux besoins spécifiques de l'utilisation de l'approche systémique. Grâce à cette approche, nous sommes en mesure de gérer efficacement les interactions entre les différents départements, la complexité, la durabilité et le développement, qui affectent l'ensemble du système. Ce qui précède pour le siège Q sera réalisé en appliquant deux méthodologies systémiques dans sa structure, ses communications et son contrôle.

Par conséquent, dans cet article, comme mentionné précédemment, les deux méthodologies systémiques, le VSM (Viable System Model) de Beer et le DCSYM (Design & Control Systemic Methodology) seront présentées et ensuite appliquées pour décrire le quartier général Q. Ensuite, nous présenterons un modèle avec le logiciel Vensim pour calculer les pertes de personnel pour une unité de l'armée.

Enfin, l'utilisation de l'approche systémique est soulignée en ce qui concerne l'enquête en conjonction avec les méthodologies systémiques et d'autres entités telles que les institutions, les organisations, les entreprises et les gouvernements. En outre, l'utilisation de méthodologies extra-systémiques dans le fonctionnement du quartier général est mentionnée, ainsi que des propositions pour leur mise en œuvre dans le fonctionnement des unités de l'armée.

2. **Le concept de système**

Un système est un ensemble qui a une ou plusieurs fonctions et qui est constitué d'au moins deux parties essentielles (parties du système sans lesquelles le système ne peut pas fonctionner, par exemple le moteur d'une voiture) qui répondent à trois exigences : (Russel Ackoff).

1. Toute partie substantielle du système peut affecter le comportement et/ou les propriétés de l'ensemble.

2. Aucune des parties essentielles ne peut avoir un effet indépendant sur la fonction de base de l'ensemble.

3. Lorsque les différentes parties du système sont organisées en sous-systèmes, elles ont les mêmes propriétés que les parties essentielles.

Pour comprendre un système, il faut comprendre sa fonction (son rôle) dans le système global.

Conclusion : Lorsque les performances d'un élément individuel du système (indépendamment de l'ensemble) s'améliorent, l'effet de l'ensemble du système reste inchangé ou s'aggrave.

La pensée systémique comprend cinq transports systémiques de base. Les systèmes sont généralement caractérisés par une structure hiérarchique. En d'autres termes, nous analysons un système qui peut être considéré comme un sous-système d'un système plus vaste. Cette hiérarchie nous permet de développer les transports systémiques. Le premier transfert systémique est l'**ingénierie** qui implique l'analyse des systèmes dans leurs différentes parties. Le deuxième transfert systémique est l'**organique qui a pour** idée centrale que l'organisation est un "système ouvert". Le troisième transfert systémique est

le neuro-gouvernement basé sur l'apprentissage et le contrôle actifs. Le quatrième transfert systémique est le transfert **culturel**, qui comprend les modes de pensée et d'énergie qui existent dans tous les organismes et qui façonnent la culture. Le cinquième transfert est la **politique** qui examine la concurrence entre les groupes et les relations entre les individus. La **variété** est la mesure de la complexité et apparaît comme le nombre d'états possibles d'un système.

3. Modèle durable VSM (Viable System Model)

Le modèle de système viable (VSM) est un outil de gestion qui permet d'évaluer la viabilité d'une organisation ou d'une entreprise, c'est-à-dire sa capacité à atteindre ses objectifs et à s'adapter à un environnement extérieur en constante évolution.

Dans la forme de la projection, l'horizontale et la verticale, Beer a été appelée orthogonalité. Sur l'axe horizontal se trouve la force opérationnelle qui est liée à l'efficacité des éléments fonctionnels. Sur l'axe vertical se trouve la force de cohérence qui est liée à la viabilité systémique. Ces forces interagissent entre elles et définissent la liberté au sein d'un système viable.

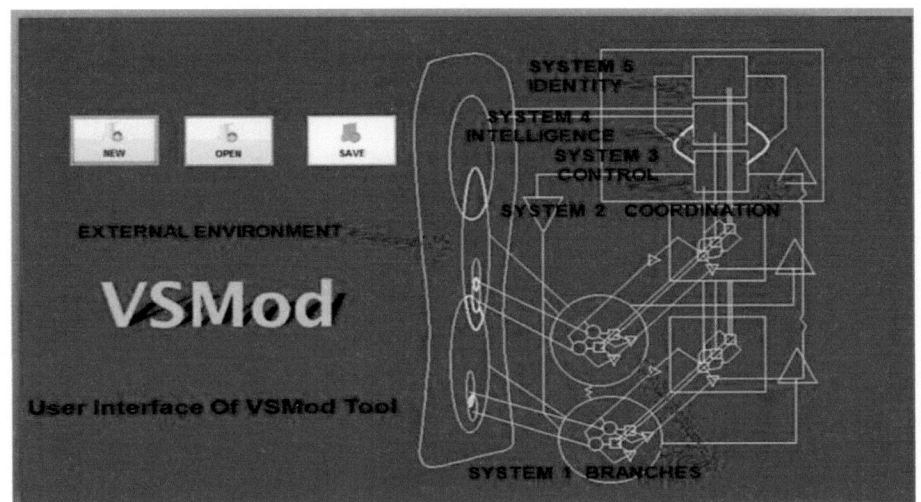

Figure 1. L'interface utilisateur de l'outil VSMod

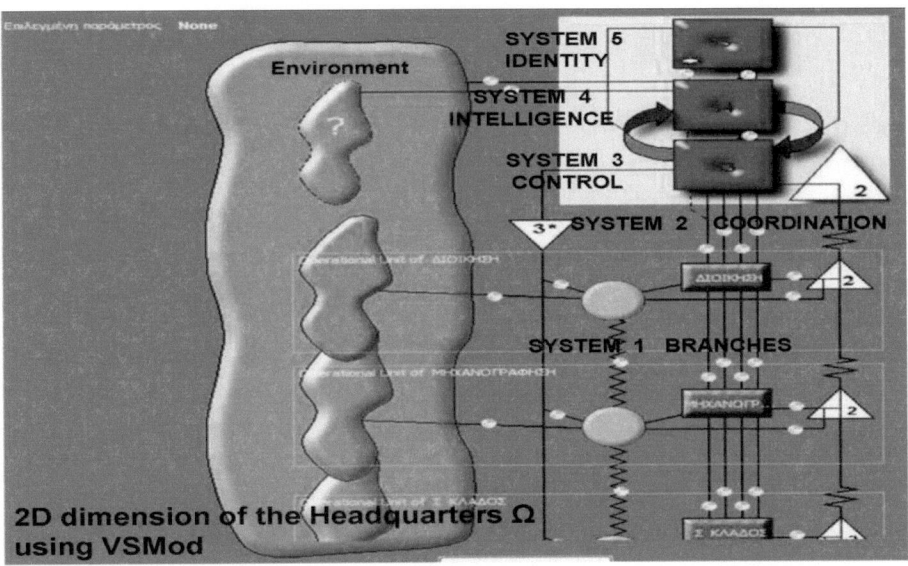

Figure 2. Dimension 2D du quartier général Q à l'aide de VSMod

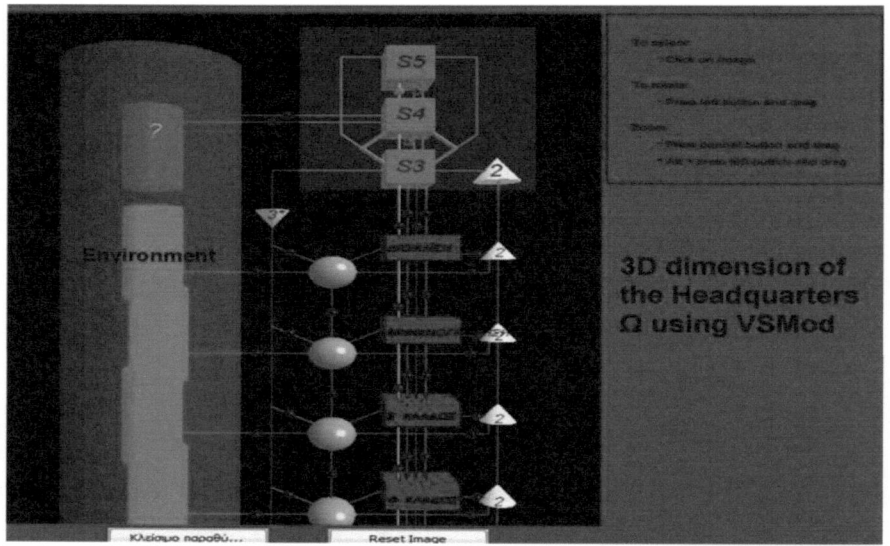

Figure 3. Dimension 3D du siège Q à l'aide de VSMod

3.1 Description du siège social

L'état-major Q est un état-major de l'armée de terre, dont la mission est de concevoir divers services de tout niveau de sécurité. Il s'agit également d'un centre de prise de décisions, qui doivent être transmises en fonction de leur priorité aux destinataires respectifs pour suite à donner. Tout retard est considéré comme critique, en particulier lorsqu'il s'agit d'entreprises et de questions de traitement spécial. On peut souligner que le retard dans l'acheminement des ordres-instructions-directions est très important car il s'agit de la défense d'un pays et pas seulement de la perte de chiffre d'affaires qui occupe surtout les différentes entreprises commerciales.

Un contrôle efficace est donc tout aussi important et nécessaire pour éviter les retards susmentionnés. Le fonctionnement et la structure du QG sont basés sur la hiérarchie. En cas de besoin, l'administration collaborative intervient directement (commandant du quartier général) et assume le contrôle et les tâches, avec la coopération et l'assistance de l'administration décentralisée (directeurs des directions, directeurs des secrétariats, directeur de l'informatisation). Le Quartier Général du Q pour son fonctionnement harmonieux et efficace ainsi que pour l'accomplissement de sa mission a la structure suivante :

- **Administration** (Staff Office Commander, Office of the Chief of Staff, General Secretariat).
- **Informatisation** (Direction de la division informatique).
- **S** (Direction des opérations et des exercices, Direction de la sécurité de l'information, Direction du secrétariat).
- **Branche** F (Direction de la logistique, Direction de l'assainissement, Secrétariat de la branche F).
- **Z** (direction économique, direction du recrutement, secrétariat de la branche G).
- **Branche L** (Direction de la santé et de la sécurité, Direction des postes, Secrétariat de la branche L).

4. La méthodologie DCSYM

La philosophie **DCSYM (Design & Control Systemic Methodology) est basée sur le** concept du système tel qu'il aborde une situation problématique ou non, en traitant différents ensembles de données comme des systèmes. DCSYM est une méthodologie flexible qui permet à un analyste systémique de traiter des structures complexes à l'aide de règles simples. Dans les phases de chaque approche systémique, il est nécessaire de coopérer avec toutes les personnes impliquées afin de représenter les communications réelles et possibles dans le graphe DCSYM ainsi que les flux de contrôle entre les composants du système. En conséquence, le graphe évolue vers une carte complète qui permet de découvrir un grand nombre de collaborations et d'échanges de connaissances. La représentation structurelle créée au cours de la première étape nous donne l'occasion de découvrir de nouvelles possibilités d'échange de connaissances scientifiques.

Ses éléments structurels sont le système, le sous-système, la personne, la communication, les postdonnées, le contrôleur et les niveaux, et elle est conçue pour capturer les structures et les processus. Le logiciel qui l'accompagne est le DCSYM Case Tool, développé exclusivement pour cette méthodologie.

4.1 Éléments de structure du DCSYM

1. Sous-système : Un individu ou un sous-système qui peut être considéré comme un composant unique du système. Les symboles utilisés sont le cercle pour les individus et le rectangle pour les sous-systèmes. Chaque élément comporte un petit carré qui accueille un numéro indiquant l'emplacement du sous-système ou de l'individu.

2. Partie d'un tout : Un ou plusieurs éléments (individus ou sous-systèmes) peuvent constituer un sous-système d'un système.

3. Communication : Il s'agit du flux d'informations entre au moins deux sous-systèmes au sein de Q. Les communications se distinguent par leur type et leur nature. Les types conçus avec des arcs sont unidirectionnels et le flux d'informations ne se fait que dans un sens, tandis que les types conçus avec des arêtes indiquent une communication bidirectionnelle, c'est-à-dire que le flux d'informations se fait dans les deux sens.

4. Contrôle : Il s'agit de l'action délibérée d'un sous-système ou d'un individu de contrôle sur le sous-système ou l'individu contrôlé.

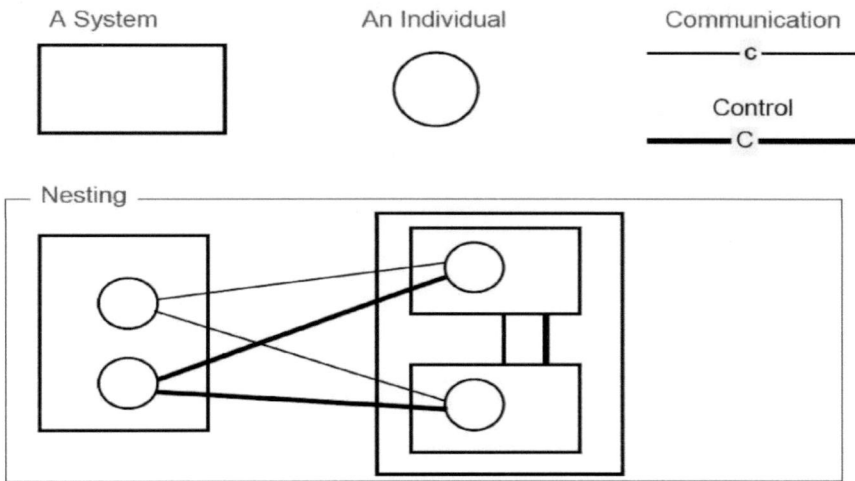

Figure 4. Symboles utilisés dans le DCSYM

Il existe une séparation spécifique des communications et du contrôle en fonction de leur type ou de leur nature. Chaque type fait l'objet d'une conception différente, comme indiqué ci-dessous. La conception de chaque type est complétée par son type de valeur, symbolisé par une lettre selon la définition de **Bowen (1981)**. Les lettres majuscules renvoient aux canaux de contrôle tandis que les lettres minuscules renvoient au canal de communication de contrôle.

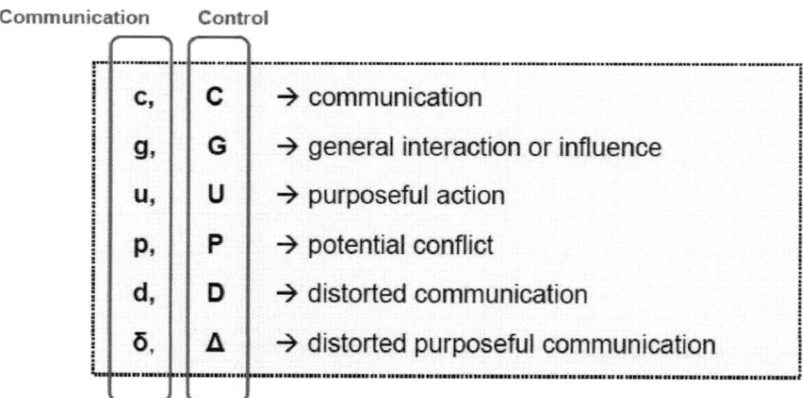

Figure 5. Codage des communications et des contrôles Symboles de Bowen

4.2 L'outil d'analyse de cas de la DCSYM

Le logiciel DCSYM Case Tool est utilisé pour représenter la méthodologie systémique DCSYM et a des perspectives et des potentiels pour se connecter à d'autres plateformes d'analyse systémique. L'interface utilisateur de DCSYM Case Tool est présentée dans la projection. En détail, au début du programme, l'espace de travail qui fonctionne est affiché sur notre droite. Sur la gauche, avec l'onglet Conception, on trouve toutes les options de conception, les systèmes, les sous-systèmes et les individus, ainsi que la définition du type de communication et de connexion de contrôle entre eux.

Le codage des individus, des sous-systèmes et des systèmes est un avantage important du DCSYM, car il permet la mise en page efficace de systèmes complexes de manière simple et est fourni par l'outil Case du DCSYM. En plus de l'onglet Vues, il est possible de créer et de manipuler différents aspects de notre conception, et enfin avec l'onglet Arbre il y a une image complète de la hiérarchie entre les systèmes, les sous-systèmes et les individus respectivement. À l'aide du menu Outils, nous avons la possibilité de : 1) extraire une image du tableau de communication qui se réfère au diagramme

DCSYM sélectionné, 2) mettre à jour les statistiques du système (par exemple, le nombre de sous-systèmes, le nombre de personnes, etc.) Les conclusions de notre travail peuvent être tirées dans les formats de fichiers suivants : PDF, PNG, WMF, SVG.

4.3 Conception de l'état existant avec DCSYM

En particulier, dans le cas du siège de Q, un analyste systémique, après avoir observé attentivement sa structure, a commencé sa recherche par des entretiens personnels avec les directeurs et les cadres des directions. Les résultats proviennent de sa propre évaluation ainsi que des réponses données. A ce stade, il convient de souligner l'importance de la coopération. Ainsi, le commandant du QG, le chef d'état-major, les responsables des directions et leurs cadres ont fourni, sur demande, des informations tant sur le travail de leur direction que sur les communications et collaborations qu'ils doivent avoir avec les autres directions, afin d'assurer le fonctionnement harmonieux et efficace du QG.

En outre, des questionnaires ont été distribués aux représentants des directions, qui les ont remplis et, dans certains cas, il a été jugé nécessaire d'organiser des entretiens personnels avec des questions supplémentaires afin de collecter de nouvelles informations pour évaluer et aborder certaines activités.

L'un des éléments importants de DCSYM est la capacité d'encodage qu'il offre et qui nous permet d'organiser efficacement des systèmes complexes de manière incrustée.

L'application des résultats de l'encodage dans le tableau de la projection nous donne les résultats suivants

Structure du quartier général Q.

Le diagramme DCSYM, qui découle du tableau précédent et qui représente les

La structure du siège Q est la suivante :

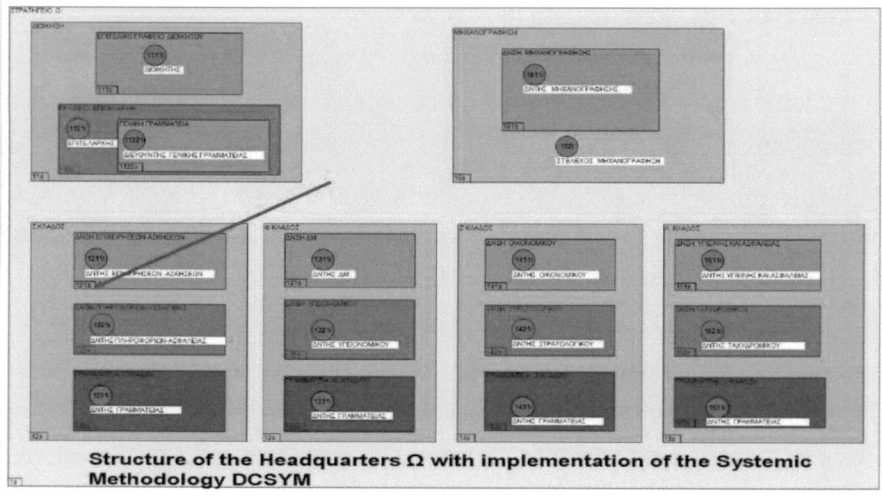

Figure 6. Structure du siège Q avec mise en œuvre de la méthodologie systémique DCSYM

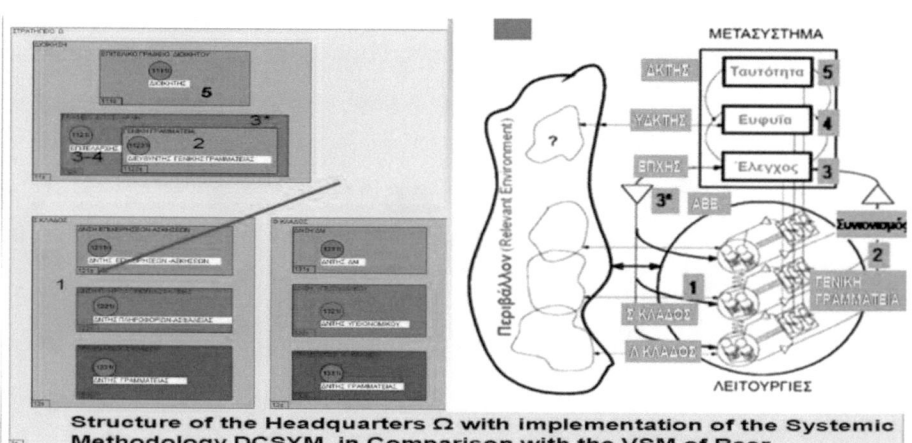

Figure 7. Structure du siège Q avec mise en œuvre de la méthodologie systémique DCSYM en comparaison avec le VSM de la bière.

L'étape suivante, une fois que le système, ses sous-systèmes et les personnes qui le composent sont conçus, consiste à modéliser le flux de connaissances et d'informations entre eux selon le tableau suivant, ce qui est un processus particulièrement complexe.

Le diagramme DCSYM, qui découle du tableau précédent et qui représente les
Les flux de connaissances et d'informations du siège de Q sont les suivants :

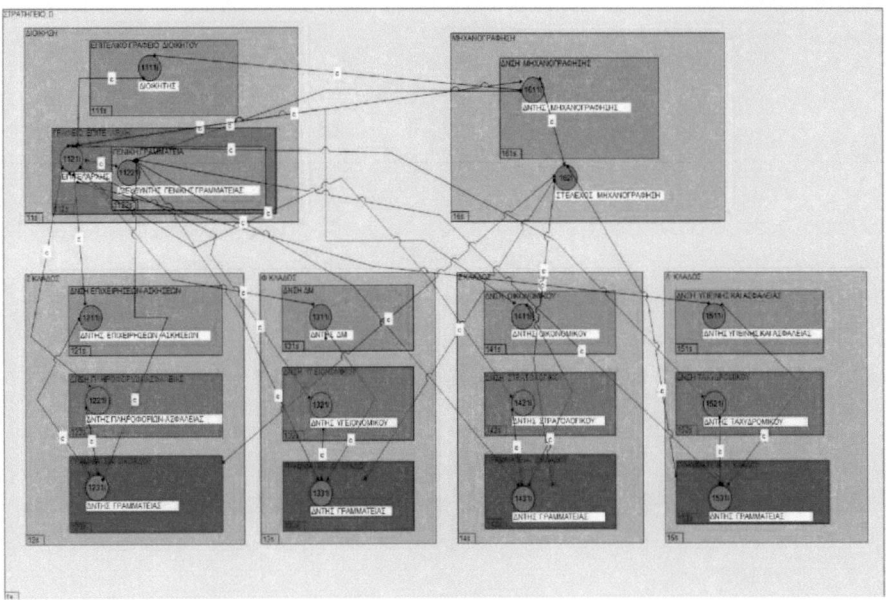

Figure 8. Flux d'informations du siège Q

Les canaux de contrôle sont ensuite ajoutés conformément au tableau suivant. Cette représentation plus complète permet de reconnaître les contrôles effectués même s'il n'y a pas de flux d'informations entre ces éléments.

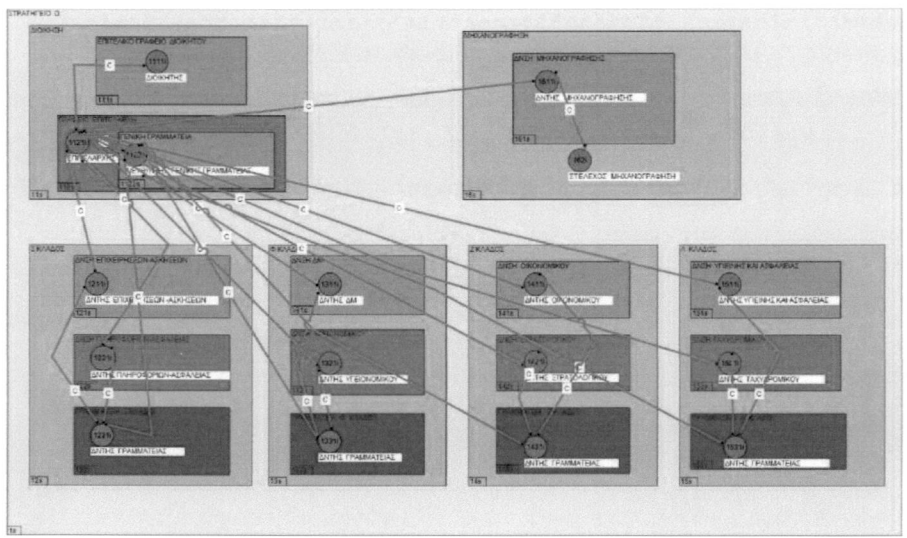

Figure 9. Flux de contrôle du siège Q

Le diagramme DCSYM, qui résulte du tableau précédent et décrit les flux de connaissances et d'informations du siège Q, est le suivant :

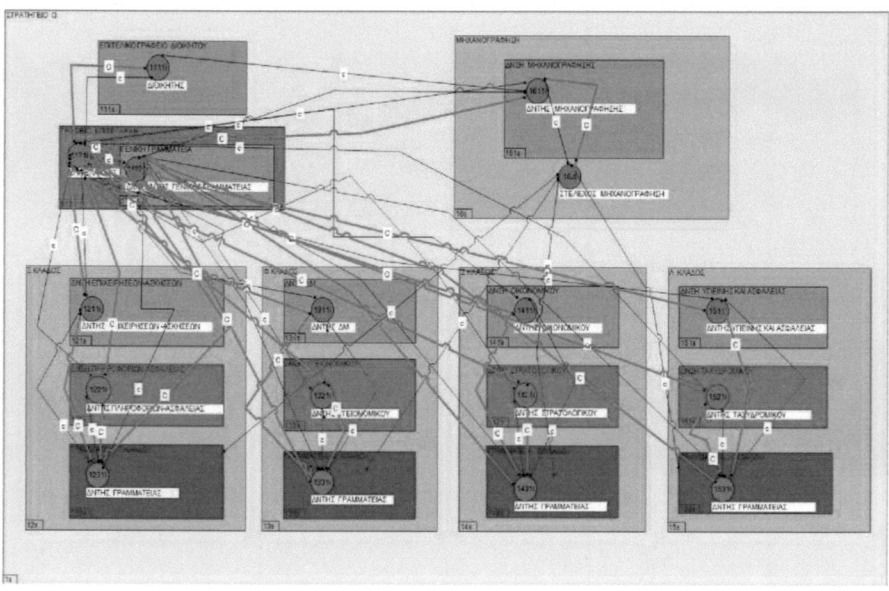

Figure 10. Flux de contrôle et d'information du siège Q

L'image globale du siège Q, qui concerne les relations de contrôle et les relations de communication, est alors disponible.

CHAPITRE 5

5. Utilisation de Vensim pour le calcul des pertes de personnel

Le logiciel Vensim permet la modélisation et la simulation dynamiques afin d'améliorer les performances des systèmes réels. Par exemple, un simulateur de vol, un simulateur de combat pour un char de combat, ainsi qu'un simulateur de préparation opérationnelle d'un quartier général peuvent être construits à l'aide de ce logiciel. Vensim intègre dans un environnement une suite d'outils puissants pour développer, tester et interpréter des modèles. Ces outils comprennent des diagrammes cause-résultat, des graphiques et des textes de construction de modèles. La reproduction de la structure du modèle s'effectue facilement à l'aide de pointeurs (tableaux), de l'analyse de sensibilité Monte Carlo, de l'optimisation, de la gestion des données et des interfaces d'application. Le logiciel Vensim comprend également des techniques qui permettent de détecter et de prévenir les erreurs et de comprendre rapidement les résultats complexes. Par conséquent, son utilisation améliorera considérablement le fonctionnement du siège en réduisant les erreurs et la complexité. Nos données sont les suivantes :

TEMPS UNITÉ   JOUR

TEMPS DE SIMULATION INITIAL 0

TEMPS DE SIMULATION FINAL 100

ÉTAPE DE SIMULATION   1

UNITÉ MILITAIRE DE 1000 HOMMES

Nous présentons ensuite le format final du graphique.

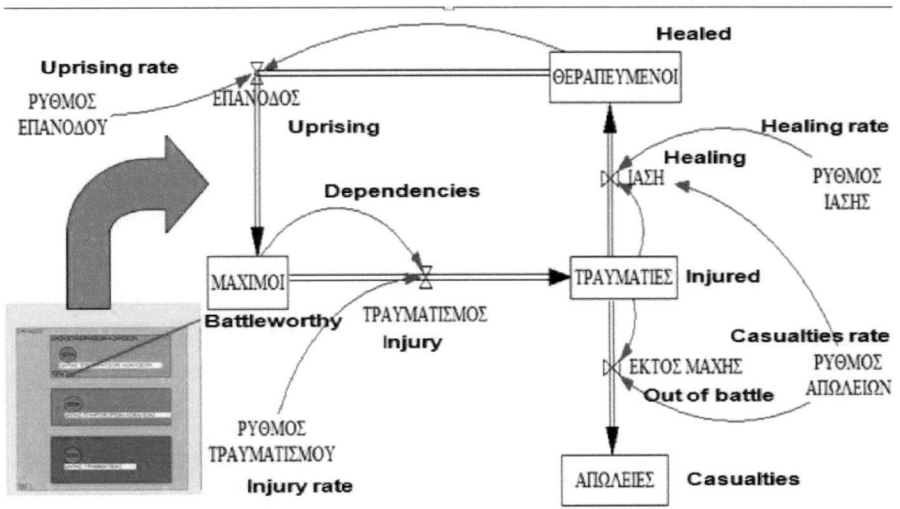

Figure 11. Simulation Vensim pour le calcul des pertes

Nous observons ce qui suit :

Nous avons les **points d'accumulation, les points d'aptitude au combat, les points de blessure, les points de guérison et les points de perte**. Les points d'accumulation représentent des tailles qui changent lors de l'exécution du modèle. Dans notre modèle, nous représentons le personnel d'une unité de combat qui se trouve dans l'une des quatre situations suivantes (prêt au combat, blessé, guéri pour être prêt au combat) et les pertes, y compris les morts et les invalides de guerre (qui sont hors de combat).

Les flux représentent le processus de conversion du personnel du bataillon d'une situation à une autre. Dans notre modèle, nous avons les flux suivants :

- Conversion de "Battleworthy" en "Injured". (Blessure de flux)

- Conversion de blessé à guéri. (Guérison par le flux)

- Conversion des blessés en pertes. (Flux hors-bataille)

- Conversion de Healed en Battleworthies. (Révolte)

Nous créons les **variables de** notre modèle

- Taux d'accident

- Taux de pertes

- Taux de guérison

- Taux d'insurrection

Ensuite, nous créons les **dépendances sous la** forme d'une flèche partant de qui met en place l'élément ajustable et y aboutit.

- De l'aptitude au combat à la blessure
- De la blessure à la guérison
- De la blessure à la mise hors de combat
- De la guérison au soulèvement

Cliquez sur l'outil **simuler** pour exécuter notre modèle de simulation. Cliquez sur le champ de bataille, puis sur l'outil Graphique et vous verrez que le graphique d'évolution du personnel militaire de combat s'affiche. De même, nous affichons les graphiques d'évolution du personnel blessé, soigné et blessé.

En cliquant sur l'outil de **synthèse**, nous voyons qu'à chaque point d'accumulation (par exemple pour la navigabilité) et dans chaque flux, une petite carte de couleur bleue est affichée, qui donne une image approximative de l'évolution de la taille correspondante.

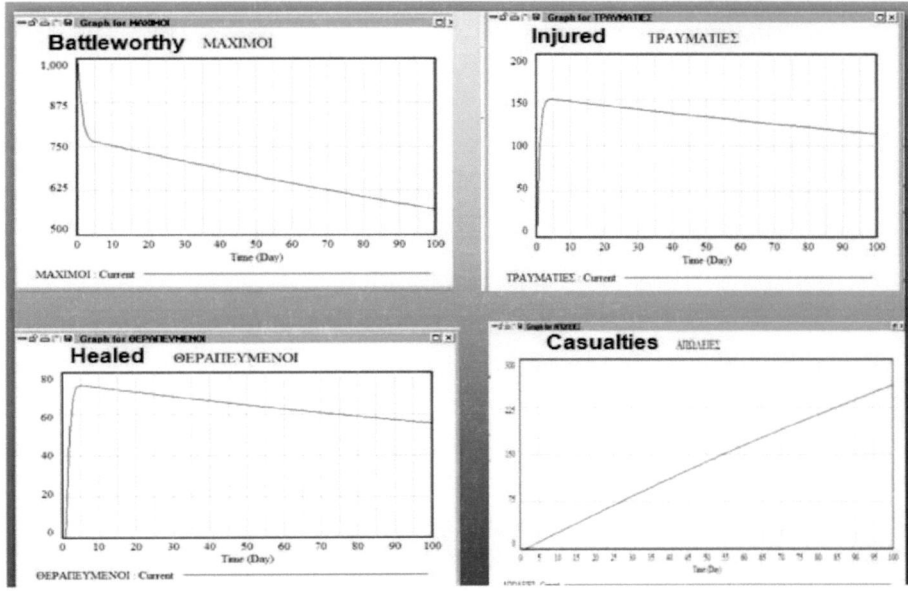

Figure 12. Graphiques de la simulation Vensim

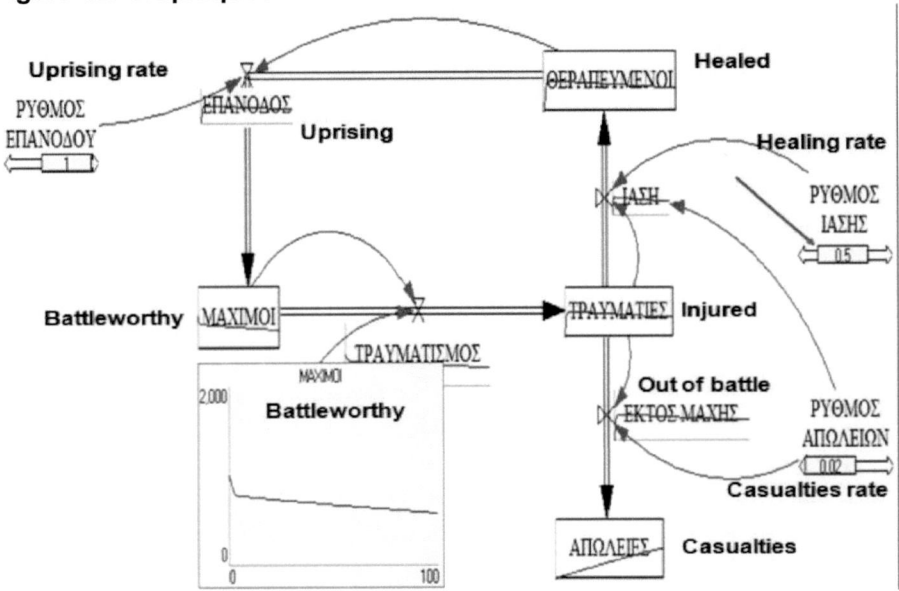

Figure 13. Le modèle Vensim est en cours d'exécution

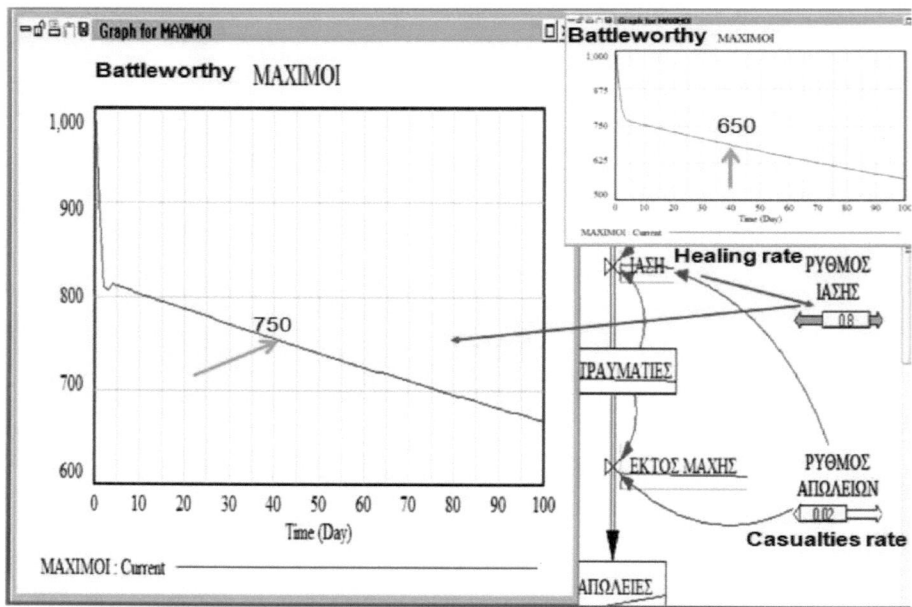

Figure 14. Au cours de la simulation Vensim, nous augmentons le taux de guérison de 0,5 à 0,8.

CHAPITRE 6

6. Utilisation de l'Anylogic et connexion avec la base de données

Le logiciel AnyLogic est le seul outil de simulation qui supporte toutes les méthodes de simulation courantes qui s'appliquent aujourd'hui : Systèmes dynamiques, événements discrets et agents logiciels. Si deux ou plusieurs des catégories ci-dessus sont combinées, il s'agit d'une simulation hybride. La polyvalence unique du langage de modélisation permet à l'utilisateur de saisir la complexité et l'hétérogénéité des systèmes commerciaux, financiers et sociaux à n'importe quel niveau de détail.

Parce qu'il est construit dans le langage de programmation Java, il est compatible avec n'importe quel système d'exploitation (Windows, Mac et Linux) et l'utilisateur peut étendre le modèle n'importe où avec un code personnalisé. AnyLogic est largement appliqué dans la chaîne d'approvisionnement et la logistique, les soins de santé, la défense, la construction, les centres commerciaux, les gares, les aéroports et bien d'autres encore. Par conséquent, son utilisation pour l'amélioration des performances du siège est jugée nécessaire. Dans l'exemple spécifique, nous examinerons la connexion du logiciel Anylogic à la base de données MS Access UNITS1 afin d'identifier avec précision les emplacements des différentes unités de l'armée qui opèrent sur une île de la mer Égée.

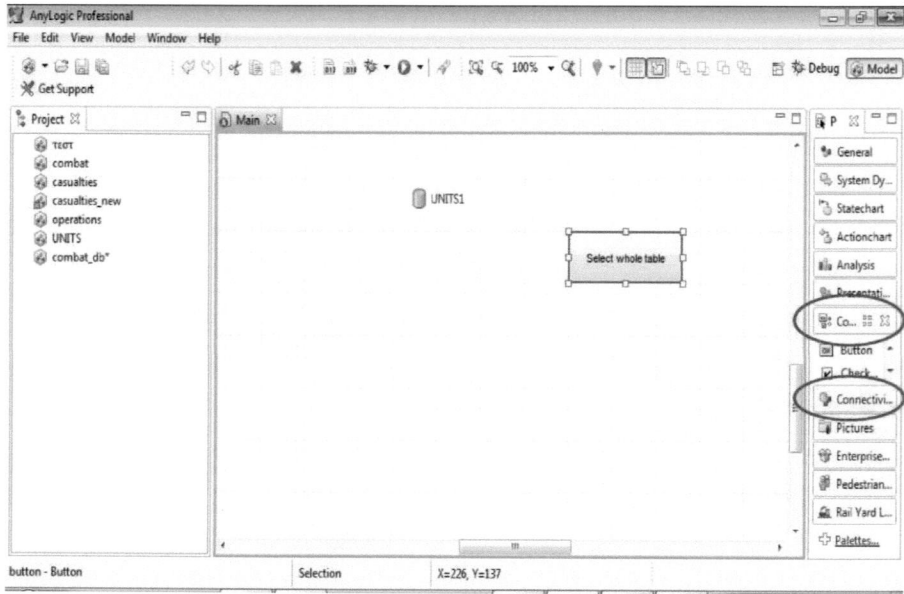

Figure 15. Connectivité d'Anylogic avec la base de données

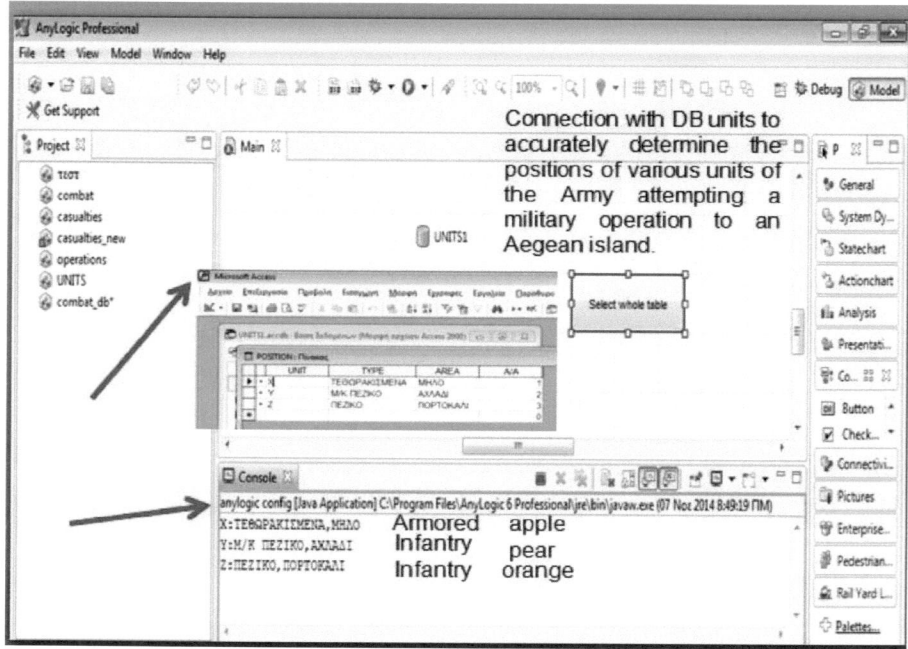

Figure 16. Connexion avec les unités de la DB pour déterminer avec précision les positions des différentes unités de l'armée.

CHAPITRE 7

7. Propositions pour la mise en œuvre de méthodologies systémiques dans le fonctionnement des unités de l'armée de terre

Les systèmes de la **défense nationale**, et en particulier de l'armée, se composent de systèmes anthropogéniques (ressources humaines), de structures opérationnelles, d'outils logistiques et d'infrastructures.

Tous ces éléments s'ajoutent à un système complexe ouvert à l'environnement et doté d'une dynamique interne riche et complexe. La science de la complexité nous montre que les systèmes fermés se désagrègent et meurent.

D'autre part, les systèmes ouverts sont développés, mis à jour, régulés et réorganisés comme des organismes vivants. L'armée de terre est un système complexe qui présente un ordre et une organisation qui ne s'expliquent pas par les caractéristiques des composants correspondants du système.

Ainsi, les caractéristiques des systèmes individuels qu'il contient ne suffisent pas à expliquer les caractéristiques du système dans son ensemble.

Il est important de mentionner l'utilisation de méthodologies systémiques supplémentaires dans le fonctionnement du siège, basées sur la simulation dynamique : Vensim, Anylogic et Forio. Grâce à la simulation dynamique, nous sommes dans une position avantageuse pour optimiser le fonctionnement du siège en prenant des décisions plus judicieuses et en choisissant des moyens d'action plus efficaces pour différents problèmes de service.

Sur la base de ce qui précède, si les méthodologies systémiques de l'armée sont effectivement mises en œuvre dans la pratique, elles réduiront la complexité, amélioreront la préparation opérationnelle, nous donneront la capacité de prévoir l'instabilité et les points de crise, de sorte que des interventions puissent être effectuées à l'avenir en créant une dynamique contrôlée, en ajoutant de l'"énergie" à l'un des sous-systèmes.

CHAPITRE 8

8. Bibliographie

8.1 Étranger

Beer, S.(1966). Decision and Control, Chichester, Wiley

Bertanlaffy, L. (1968). General Systems'Theory, foundations, developments, applications, New York : George Brazilier

Checkland, P. (1981). Systems Thinking, Systems Practice, Wiley, Chichester.

Wiener, N. (1948). Cybernetics : The Control and Communication in the Animal and the Machine Cambridge MA, MIT Press.

Asby, W. R. (1956). An Introduction to Cybernetics, New York, John Wiley. Assimakopoulos, N. et Theocharopoulos, I. (2009). Design and Control Systemic Methodology (DCSYM) : a multiagent modeling and operation platform.

Bowen, K. (1981). A conflict approach to the modeling of problems of and in organisations", in Brans, J.P. (Ed.) : Operational Research '81, North-Holland, Amsterdam, pp.79-90.

8.2 Grecque

Asimakopoulos, N. (2008). Analyse systémique, Université du Pirée.

Roumeliotis, M. (2001). Modélisation et simulation, EAP.

I want morebooks!

Buy your books fast and straightforward online - at one of world's fastest growing online book stores! Environmentally sound due to Print-on-Demand technologies.

Buy your books online at
www.morebooks.shop

Achetez vos livres en ligne, vite et bien, sur l'une des librairies en ligne les plus performantes au monde!
En protégeant nos ressources et notre environnement grâce à l'impression à la demande.

La librairie en ligne pour acheter plus vite
www.morebooks.shop

 info@omniscriptum.com
www.omniscriptum.com

Printed by Books on Demand GmbH, Norderstedt / Germany